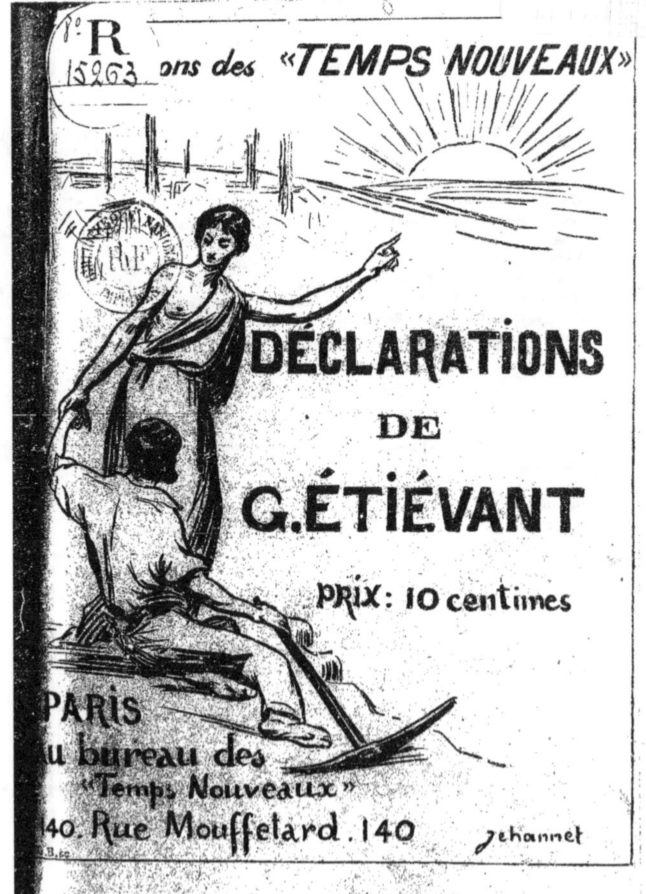
ons des «TEMPS NOUVEAUX»
DÉCLARATIONS
DE
G. ÉTIÉVANT
PRIX : 10 centimes
PARIS
u bureau des
«Temps Nouveaux»
140. Rue Mouffetard. 140
Jehannet

DÉCLARATIONS

DE

G. ÉTIÉVANT

DÉCLARATIONS

DE

G. ÉTIÉVANT

Quatrième édition : 25ᵉ mille

PRIX : 10 CENTIMES

PARIS

Aux Bureaux des « TEMPS NOUVEAUX »

140, RUE MOUFFETARD, 140

1898

NOTICE BIBLIOGRAPHIQUE

Nous donnons ici la liste, très incomplète, des éditions de la *Déclaration d'Étiévant :*

Défense d'Étiévant (placard), imprimerie A. Berio, 9, rue Rodier, Paris, 1892.

Déclarations d'Étiévant, publiées dans trois numéros de la *Révolte,* en octobre 1892, — et en brochure, Paris 1893, aux bureaux de la *Révolte.*

Un anarchiste devant les tribunaux, édition de la *Bibliothèque des Temps Nouveaux,* Bruxelles, 1892.

Traduction italienne dans le *Sempre Avanti* de Livourne et l'*Ordine* de Torino, en octobre et en novembre 1892.

Traduction anglaise dans le *Commonweal* de Londres — 1892 — et en brochure, Londres 1895.

Traduction espagnole, *Declaraciones de J. Étiévant,* publiée par le groupe *La Expropriacion* de Buenos-Ayres, janvier 1895.

Traduction portugaise, *Jorge Étiévant : A minha Defeza,* dans *Bibliotheca anarchista,* publiée par le journal *A Revolta* de Lisbonne, 1892.

Traduction hollandaise dans *De Anarchist,* La Haye 1892.

On connaît les derniers événements qui ont amené, à nouveau, notre camarade Étiévant sous le coup d'une condamnation à mort.

En publiant cette quatrième édition française de sa noble *Déclaration,* nous lui envoyons de tout cœur l'expression de notre solidarité et de notre cordiale affection.

DÉCLARATIONS

DE

GEORGES ÉTIÉVANT

À la suite du vol de dynamite à Soisy-sous-Etiolles, les camarades Faugoux, Chalbret, Drouhet et Etiévant furent poursuivis devant la cour d'assises de Versailles.

Le camarade Etiévant devait lire au public les déclarations suivantes, mais le tribunal s'empressa de lui ôter la parole.

Les journaux bourgeois en donnèrent, d'une façon très incomplète, une partie qui fut reproduite par la

Révolte et donna lieu à la lettre suivante, du père de notre camarade :

« Clichy, le 22 octobre 1892.

« Camarade,

« Ainsi que je vous l'avais promis, je vous adresse la première partie des « Déclarations » de mon fils Georges, d'autant plus nécessaire qu'elle élucide la seconde, qui, malgré les *bourdes et irrégularités* signalées, a encore son cachet et sa valeur particulière. Vos lecteurs, généralement éclairés, comprendront sans doute sans trop de peine la pensée, quelquefois mal rendue par la *Cocarde*.

« Cette première partie est certifiée *ne varietur*, conforme à l'original. Seulement je vous rappelle que le tout devait être revu par Georges qui m'a dit n'avoir donné pour ainsi dire qu'un canevas, un sommaire, dont il avait le développement dans la tête.

« Votre tout dévoué.

« Etiévant père. »

Voici donc le texte complet du travail de notre compagnon.

____

I

Aucune idée n'est innée en nous : elles nous viennent toutes à l'aide des sens, du milieu dans lequel nous vivons. Cela est si vrai que s'il nous manque un sens, nous ne pouvons nous faire aucune idée des faits correspondant à ce sens. Par exemple, jamais un aveugle de naissance ne pourra

se faire une idée de la diversité des couleurs, parce
qu'il manque de la faculté nécessaire pour percevoir le rayonnement des objets. En outre, suivant
nos aptitudes, que nous apportons en naissant,
nous possédons, soit dans un ordre d'idées, soit
dans un antre, une plus ou moins grande faculté
d'assimilation provenant de la plus ou moins grande
faculté de réceptivité que nous avons à ce sujet.
C'est ainsi, par exemple, que les uns apprennent facilement les mathématiques, et que d'autres ont une
aptitude plus grande pour la linguistique. Cette
faculté d'assimilation qui est en nous peut se dé-
velopper dans une proportion variant à l'infini de
chacun à chacun, par suite de la multiplicité de sensations analogues perçues.

Mais, de même que si nous nous servons presque
exclusivement de nos bras, ceux-ci acquerront une
plus grande force aux dépens d'autres membres ou
parties de notre corps et deviendront plus aptes à
remplir leur rôle à mesure que les autres le seront
moins ; de même, plus notre faculté d'assimilation
s'exercera par suite de la multiplicité des sensations
analogues développées dans un ordre d'idées, plus,
relativement à l'ensemble de nos facultés, nous présenterons de force de résistance à l'assimilation
d'idées venant d'un ordre adverse. C'est ainsi que,
si nous sommes arrivés à croire telle chose ou
telle idée véritable et bonne, toute idée contraire
nous choquera et que nous présenterons à son assimilation une très grande force de résistance, alors
qu'elle paraîtra à un autre si naturelle, et si juste
qu'il ne pourra se figurer que, de bonne foi, l'on
puisse penser autrement. De tous ces faits nous

avons chaque jour des exemples, et je ne crois pas
que l'on en conteste sérieusement l'authenticité.
Ceci posé et admis, et comme tout acte est le résultat d'une ou plusieurs idées, il devient évident que,
pour juger un homme, pour arriver à connaître la
responsabilité d'un individu dans l'accomplissement
d'un acte, il faut pouvoir connaître chacune des
sensations qui ont déterminé l'accomplissement
de cet acte, en apprécier l'intensité, savoir quelle faculté de réceptivité ou quelle force de résistance
chacune a pu rencontrer en lui, ainsi que le laps de
temps pendant lequel il aura été soumis à l'influence
de chacune d'abord, de plusieurs ensuite, et de toutes après.

Or, qui vous donnera la faculté de percevoir et de
sentir ce que les autres perçoivent et ressentent, ou
ont perçu et ressenti ? Comment pourrez-vous juger
un individu si vous ne pouvez connaître exactement
les causes déterminantes de ses actes ? Et comment
pourrez-vous connaître ces causes et toutes ces
causes, ainsi que leur relativité entre elles, si vous
ne pouvez pénétrer dans les arcanes de sa mentalité
et vous identifier à lui de façon à connaître son *moi*
parfaitement ? Mais il faudrait pour cela connaître
son tempérament mieux que l'on ne connaît souvent
le sien propre ; bien plus : avoir un tempérament
semblable, se soumettre aux mêmes influences, vivre
dans le même milieu pendant le même laps de temps,
seul moyen de se rendre compte du nombre et de la
force des influences de ce milieu, comparativement à
la faculté d'assimilation que ces influences ont pu
rencontrer en cet individu.

Il y a donc impossibilité de juger nos semblables.

résultant de l'impossibilité où nous sommes de connaître exactement les influences auxquelles ils
obéissent et leur force des sensations déterminantes
de leurs actes, comparativement à leurs facultés
d'assimilation ou à leur force de résistance. Mais si
cette impossibilité n'existait pas, nous n'arriverions
au plus qu'à nous rendre un compte exact du jeu
des influences auxquelles ils auraient obéi, de la
relativité qu'il y a entre elles, de la plus ou moins
grande force de résistance qu'ils auraient à leur op-
poser, de leur plus ou moins de puissance de réceptivité à subir ces influences; mais nous ne
pourrions pas pour cela connaître leur responsabilité dans l'accomplissement d'un acte, par cette
bonne et magnifique raison que la responsabilité
n'existe pas.

Pour bien se rendre compte de la non-existence
de la responsabilité, il suffit de considérer le jeu
des facultés intellectuelles chez l'homme. Pour que
la responsabilité existât, il faudrait que la volonté
déterminât les sensations, de même que celles-ci
déterminent l'idée, et celles-là l'acte. Mais bien au
contraire, ce sont les sensations qui déterminent la
volonté, qui lui donnent naissance en nous et qui
la dirigent. Car la volonté n'est que le désir que
nous avons de l'accomplissement d'une chose des-
tinée à satisfaire un de nos besoins, c'est-à-dire à
nous procurer une sensation de plaisir, à éloigner
de nous une sensation de douleur, et, par conséquent, il faut que ces sensations soient ou aient été
perçues pour que naisse en nous la *volonté*. Et la
volonté, créée par les sensations, ne peut être
changée que par de nouvelles sensations, c'est-à-

dire qu'elle ne peut prendre une autre direction, poursuivre un autre but, que si des sensations nouvelles font naître en nous un nouvel ordre d'idées ou modifient en nous l'ordre d'idées préexistant. Cela a été reconnu de tous temps et vous le reconnaissez vous-mêmes tacitement, car, en somme, faire plaider devant vous le *pour* et le *contre*, n'est-ce pas prouver que des sensations nouvelles, vous arrivant par l'organe de l'ouïe, peuvent faire naître en vous la volonté d'agir d'une façon ou d'une autre, ou modifier votre volonté préexistante? Mais, comme je l'ai dit en commençant, si l'on est habitué, par suite d'une longue succession de sensations analogues, à considérer telle chose ou telle idée comme bonne et juste, toute idée contraire nous choquera, et nous présenterons à son assimilation une très grande force de résistance.

C'est pour cette raison que les personnes âgées adoptent moins facilement les idées nouvelles, attendu que dans le cours de leur existence elles ont perçu une multiplicité de sensations émanant du milieu dans lequel elles ont vécu, et qui les ont amenées à considérer comme bonnes les idées conformes à la conception générale de ce milieu sur le *juste* et *l'injuste*. C'est aussi pour cette raison que la notion du juste et de l'injuste a sans cesse varié dans le cours des siècles, que, de nos jours encore, elle diffère étrangement de climat à climat, de peuple à peuple, et même d'homme à homme. Et, comme ces diverses conceptions ne peuvent être que relativement justes et bonnes, nous devons en conclure qu'une grande portion, sinon la totalité de l'humanité, erre encore à ce sujet. C'est ce qui nous

explique également pourquoi tel argument qui em-
portera la conviction de l'un, laissera l'autre indifférent.

Mais, d'une façon ou d'une autre, celui que l'argument aura frappé né pourra pas faire que sa volonté ne soit déterminée dans un sens, et celui que
l'argument aura laissé indifférent ne pourra pas
faire que sa volonté ne reste la même, et par conséquent l'un ne pourra s'empêcher d'agir d'une façon
et l'autre d'une façon contraire, à moins que de
nouvelles sensations ne viennent modifier leur volonté.

Bien que cela ait l'air d'un paradoxe, nous ne
faisons aucun acte bon ou mauvais, si minime soit-
il, que nous ne soyons forcés de faire, attendu que
tout acte est le résultat de la relativité qu'il y a entre une ou plusieurs sensations nous venant du milieu dans lequel nous vivons, et la plus ou moins
grande faculté d'assimilation qu'elle peut rencontrer en nous. Or, comme nous ne pouvons être res-
ponsables de la plus ou moins grande faculté d'assimilation qui est en nous, relativement à un ordre
de sensations ou à un autre, ni de l'existence ou de
la non-existence des influences provenant du milieu
dans lequel nous vivons et des sensations qui nous
en viennent, pas plus que de leur relativité et de
notre plus ou moins grande faculté de réceptivité
ou de résistance, nous ne pouvons pas être respon-
sables non plus du résultat de cette relativité, attendu qu'elle est non seulement indépendante de
notre volonté, mais encore qu'elle en est *déter-
minante*. Donc, tout jugement est impossible et
toute récompense, comme toute punition, est in-

juste, si minime soit-elle, et quelque grand que
puisse être le bienfait ou le méfait.

On ne peut donc pas juger les hommes, ni même
les actes, à moins d'avoir un criterium suffisant.
Or, ce critérium n'existe pas. En tout cas, ce n'est
pas dans les lois qu'on pourrait le trouver, car la
vraie justice est immuable et les lois sont changeantes. Il en est des lois comme de tout le reste. Car, si
ces lois sont bonnes, à quoi bon des députés et des
sénateurs pour les changer? Et, si elles sont mau-
vaises, à quoi bon des magistrats pour les appli-
quer?

Par le fait même de sa naissance, chaque être a
le droit de vivre et d'être heureux. Ce droit d'aller,
de venir librement dans l'espace, le sol sous
les pieds, le ciel sur la tête, le soleil dans les yeux,
l'air dans la poitrine, — ce droit primordial, anté-
rieur à tous les autres droits, imprescriptible et naturel, — on le conteste à des millions d'êtres humains.

Ces millions de déshérités auxquels les riches
ont pris la terre — notre mère nourricière à tous —
ne peuvent faire un pas à droite ou à gauche, manger ou dormir, jouir en un mot de leurs organes,
satisfaire leurs besoins et vivre, qu'avec la permis-
sion d'autres hommes; leur vie est toujours pré-
caire, à la merci des caprices de ceux qui sont de-
venus leurs maîtres. Ils ne peuvent aller et venir
dans le grand domaine humain sans, à chaque pas,
rencontrer une barrière, sans être arrêtés par ces
mots : n'allez pas dans ce champ, il est à un tel ;
n'allez pas dans ce bois, il appartient à celui-ci ; ne
cueillez pas ces fruits, ne pêchez pas ces poissons,
ils sont la propriété de celui-là.

Et s'ils demandent : Mais alors, nous autres, qu'a-
vons-nous donc? Rien, leur répondre-t-on. Vous
n'avez rien — et, tout petits déjà, au moyen de la
religion et des lois, on aura façonné leur cerveau pour
qu'ils acceptent sans murmure cette criante injustice.

Les racines des plantes s'assimilent le suc de la
terre, mais le produit n'en est pas pour vous, leur
dit-on. La pluie vous mouille comme les autres,

mais ce n'est pas pour vous qu'elle fait croître les récoltes, et le soleil ne rayonne que pour dorer des blés et mûrir des fruits dont vous ne goûterez pas.

La terre tourne autour du soleil et présente alternativement chacune de ses faces à l'influence vivifiante de cet astre, mais ce grand mouvement ne se fait pas au profit de toutes les créatures, car la terre appartient aux uns et pas aux autres, des hommes l'ont achetée avec leur or et leur argent. Mais par quels subterfuges, puisque l'or et l'argent sont contenus dans la terre avec ces métaux ?

Comment se fait-il qu'une partie du tout puisse valoir autant que le tout ?

Comment se fait-il, s'ils ont acheté la terre avec leur or, qu'ils aient encore tout l'or ? Mystère !

Et ces forêts immenses ensevelies depuis des millions de siècles par des révolutions géologiques, ils ne peuvent les avoir achetées, ni en avoir hérité de leurs pères puisque alors il n'y avait encore personne sur la terre ! C'est à eux tout de même, car, depuis les entrailles de la terre et le fond de l'océan jusqu'aux plus hauts sommets des grands monts, tout leur appartient — c'est pour que celui-ci puisse donner une dot à sa fille que ces forêts ont poussé jadis ; c'est pour que celui-là puisse donner un hôtel à sa maîtresse que les révolutions géologiques ont eu lieu. — Et c'est pour qu'ils puissent sabler le champagne que ces forêts se sont lentement converties en houille.

Mais si les déshérités demandent : Comment ferons-nous pour vivre si nous n'avons droit à rien ? Rassurez-vous, leur répondra-t-on : les possédants sont de braves gens, et pour peu que vous soyez sages, que vous obéissiez à toutes leurs volontés, ils vous permettront de vivre, en échange de quoi vous devrez labourer leurs champs, leur faire des habits, construire leurs maisons, tondre leurs brebis, émonder leurs arbres, faire des machines, des livres ; en un mot, leur procurer toutes les jouissances physiques et intellectuelles auxquelles ils ont seuls droit. Si les riches ont la bonté de vous laisser manger leur pain, boire leur eau, vous devez les en remercier infiniment, car votre vie leur appartient en même temps que le reste.

Vous n'avez le droit de vivre qu'avec leur bon plaisir, et à condition que vous travaillerez pour eux. Ils vous dirigeront ; ils vous regarderont travailler, ils jouiront des fruits de votre labeur, car ils y ont droit. Tout ce que vous pouvez mettre en œuvre dans votre production leur appartient également. Alors qu'eux, nés en même temps que vous, commanderont toute leur vie — toute votre vie vous obéirez ; alors qu'ils pourront se reposer à l'ombre des arbres, poétiser au murmure de la source, revivifier leurs muscles dans les ondes de la mer, retrouver la santé dans les sources thermales, jouir du vaste horizon sur le sommet des montagnes, entrer en possession du domaine intellectuel de l'humanité et converser ainsi avec les puissants semeurs d'idées, les infatigables chercheurs de l'au delà — vous, à peine sortis de la première enfance, vous devrez, forçats de naissance, commencer à traîner votre boulet de misère, vous devrez produire pour que d'autres consomment, travailler pour que d'autres vivent oisifs, mourir à la peine pour que d'autres soient dans la joie.

Alors qu'ils peuvent parcourir en tous sens le
grand domaine, jouir de tous les horizons, vivre en
communion constante avec la nature et puiser à
cette source intarissable de poésie les plus délicates
et les plus douces sensations que l'être puisse res-
sentir, — vous n'aurez pour tout horizon que les
quatre murs de vos mansardes, de vos ateliers, du
bagne ou de la prison ; vous devrez, machine humaine dont la vie se réduit à un acte toujours le
même, indéfiniment répété, recommencer chaque
jour la tâche de la veille, jusqu'à ce qu'un rouage se
brise en vous, ou qu'usés et vieillis, l'on vous jette au
ruisseau comme ne procurant pas un bénéfice suffisant.

Malheur à vous si la maladie vous terrasse, si,
jeunes ou vieux, vous êtes trop faibles pour produire au gré des possédants. — Malheur à vous si
vous ne trouvez personne à qui prostituer votre
cerveau, vos bras, votre corps, vous roulerez d'a-
bîme en abîme ; — on vous fera un crime de vos
haillons, un opprobre de vos tiraillements d'estomac, la société entière vous jettera l'anathème et
l'autorité, intervenant la loi à la main, vous criera:
Malheur aux sans gîte, malheur à qui n'a pas un
toit pour abriter sa tête, malheur à qui n'a pas un
grabat pour reposer ses membres endoloris, —
malheur à qui se permet d'avoir faim quand les
autres ont trop mangé, malheur à qui a froid lors-
que les autres ont chaud, malheur aux vagabonds,
malheur aux vaincus! — Et elle les frappera pour
s'être permis de n'avoir rien, alors que les autres
ont tout. — C'est justice, dit la loi. — Cela est un
crime, répondrons-nous, cela ne doit pas être, cela
doit cesser d'exister, car cela n'est pas juste.

Trop longtemps, les hommes ont pris et accepté pour règle morale l'expression de la volonté des forts et des puissants ; trop longtemps, la méchanceté des uns a trouvé des complices dans l'ignorance et la lâcheté des autres ; trop longtemps, les hommes sont restés sourds à la voix de la raison, de la justice et de la nature : trop longtemps, ils ont pris le mensonge pour la vérité. Et voici ce qu'est la vérité : Qu'est-ce que la vie, sinon un perpétuel mouvement d'assimilation et de désassimilation qui incorpore aux êtres les molécules de la matière sous ses diverses formes et les leur arrache bientôt pour combiner à nouveau de mille autres manières ; un perpétuel mouvement d'action et de réaction entre l'individu et le milieu naturel ambiant qui se compose de tout ce qui n'est pas lui ; telle est la vie. Par son action continue, l'ensemble des êtres et des choses tend perpétuellement à l'absorption de l'individu, à la désagrégation de son être, à sa mort.

La nature ne fait du neuf qu'avec du vieux, toujours elle détruit pour créer, elle ne fait jamais sortir la vie que de la mort, et il faut qu'elle tue ce qui est pour donner naissance à ce qui sera. La vie n'est donc possible pour l'individu que par une perpétuelle réaction de lui-même sur l'ensemble des êtres et des choses qui l'entourent. Il ne peut vivre qu'à la condition de combattre la désassimilation que lui fait subir tout ce qui existe, par l'assimilation de nouvelles molécules qu'il doit emprunter à tout ce qui existe.

Aussi les êtres, à quelque degré de l'échelle qu'ils soient placés, depuis les zoophytes jusqu'aux hommes, sont-ils pourvus de facultés leur permet-

tant de combattre la désassimilation de leur organisme en s'incorporant de nouveaux éléments em-
pruntés au milieu dans lequel ils vivent. Tous sont
pourvus d'organes plus ou moins parfaits destinés
à les avertir de la présence de causes pouvant
amener une brusque désassimilation de leur être.
Tous sont pourvus d'organes leur permettant de
combattre l'influence désorganisatrice des éléments.

Pourquoi auraient-ils tous ces organes s'ils ne
devaient pas s'en servir? s'ils n'avaient pas le droit
d'en faire usage?

Pourquoi des poumons, sinon pour respirer;
pourquoi des yeux, sinon pour voir; pourquoi un
cerveau, sinon pour penser; pourquoi un estomac,
sinon pour digérer la nourriture? Oui, cela est ainsi :
par nos poumons, nous avons le droit de respirer;
par notre estomac, nous avons le droit de manger;
par notre cerveau, nous avons le droit de penser;
par notre langue, nous avons le droit de parler; par
nos oreilles, nous avons le droit d'entendre; par nos
yeux, nous avons le droit de voir; par nos jambes,
nous avons le droit d'aller et de venir.

Et nous avons droit à tout cela parce que par notre
être nous avons le droit de vivre. Jamais un être
n'a d'organes plus puissants qu'il n'en doit avoir;
jamais un être n'a une vue trop perçante, une ouïe
trop fine, une parole trop facile, un cerveau trop
vaste, un estomac trop bon; des jambes, des pattes,
des ailes ou des nageoires trop fortes.

Aussi par nos jambes avons-nous droit à tout
l'espace que nous pouvons parcourir; par nos poumons, à tout l'air que nous pouvons respirer; par

notre estomac, à toute la nourriture que nous pouvons digérer ; par notre cerveau, à tout ce que nous pouvons penser et nous assimiler des pensées des autres ; par notre faculté d'élocution, à tout ce que nous pouvons dire ; par nos oreilles, à tout ce que nous pouvons entendre, et nous avons droit à tout cela parce que nous avons droit à la vie et que tout cela constitue la vie. Ce sont là les vrais droits de l'homme ! Nul besoin de les décréter : ils existent comme existe le soleil.

Ils ne sont écrits dans aucune constitution, dans aucune loi, mais ils sont inscrits en caractères ineffaçables dans le grand livre de la nature et imprescriptibles.

Depuis le ciron jusqu'à l'éléphant, depuis le brin d'herbe jusqu'au chêne, depuis l'atome jusqu'à l'étoile, tout le proclame. Ecoutez la grande voix de la nature ; elle vous dira que tout en elle est solidaire, que le mouvement général éternel, qui est la condition de la vie pour l'univers, se compose du mouvement général éternel de chacun de ses atomes, qui est la condition de la vie pour chacune des créatures.

Les mouvements des infiniment petits comme ceux des infiniment grands se répercutent et réagissent indéfiniment les uns sur les autres. Et, puisque tout réagit sur nous, nous avons droit de réagir sur tout, car nous avons droit de vivre et la vie n'est possible qu'à cette condition.

Par le fait de notre naissance, nous devenons copropriétaires de l'univers entier et nous avons droit à tout ce qui est, à tout ce qui a été et à tout ce qui sera. Chacun de nous acquiert par sa naissance droit à tout, sans autres limites que celles que la nature elle-même lui a posées, c'est-à-dire la limite de ses facultés d'assimilation.

Or, vous dites : C'est à moi ce champ, c'est à moi ce bois, c'est à moi cette source, c'est à moi cet étang, cette prairie, cette moisson, cette maison : à vous qui dites cela, je réponds : Quand vous aurez fait en sorte que votre propriété, fraction de ce grand tout qui, par son action constante sur mon organisme, me pousse, de même que vous, vers la tombe, cesse de m'y pousser, je reconnaîtrai que vous seuls avez droit d'en jouir.

Quand vous aurez fait en sorte que les influences désagrégatrices de la nature n'aient d'action que sur vous, vous seuls aurez droit de puiser dans la nature de quoi réparer ce que la nature vous enlève. Mais, tant que l'humidité agira sur moi comme sur vous, la source et l'étang seront à moi comme à vous.

Tant que vous n'aurez pas empêché la chaleur du soleil de me faire transpirer comme vous, elle mûrira fruits et moissons pour nous comme pour vous.

Sachez qu'un homme de vingt ans n'a pas en lui une seule des molécules qui constituaient son être dix ans auparavant ; aussi quand vous aurez fait en sorte que, soit par la pluie, soit par le vent, soit de toute autre façon, ce qui a été à moi ne s'incorpore à vos propriétés, vous aurez le droit de m'empêcher de m'incorporer en retour ce qui me revient de vos propriétés.

Mais, tant que vous n'aurez pas fait en sorte que nous puissions, nous les *hors-parts*, les parias, vivre

sans nous assimiler constamment des éléments que
nous prenons dans le grand tout, nous aurons droit
comme vous à ce grand tout et à chacune de ses
parties, car nous sommes nés comme vous, nous
sommes semblables à vous, nous avons des organes
et des besoins comme vous, et nous avons droit à la
vie et au bonheur comme vous.

Si nous étions d'espèce animale inférieure à vous,
je comprendrais cette exclusion : notre organisation
et notre mode de vivre seraient différents ; mais
puisque nous sommes organisés comme vous, c'est
que nous sommes vos égaux et que nous avons des
droits égaux aux vôtres sur l'universalité des biens.

Et si vous me dites que telle chose est à vous parce
que vous en avez hérité, je vous répondrai que ceux
qui vous l'ont laissée n'avaient pas le droit de le faire.
Ils avaient droit de jouir de l'universalité des biens
durant leur vie comme nous avons le droit d'en jouir
pendant la nôtre, mais ils n'avaient pas celui d'en
disposer après leur mort, car, de même que par notre
naissance nous acquérons droit à tout, par notre
mort nous perdons tous nos droits, car alors nous
n'avons plus besoin de rien.

De quel droit ceux qui ont vécu voudraient-ils
nous empêcher de vivre?

De quel droit un agrégat de molécules voudrait-il
empêcher ses propres molécules de se réagréger
d'une façon plutôt que d'une autre? De quel droit ce
qui fut voudrait-il empêcher ce qui sera? Quoi, parce
qu'un homme dont la vie ne fut qu'une minute dans
l'immensité des temps a habité un coin de terre, il en
pourrait disposer pour l'éternité? Y a-t-il rien de
plus stupide que cette prétention d'un être éphémère

faisant des donations perpétuelles à des êtres, à des institutions passagères?

Nous ne devons pas respecter ces prétentions de gens qui veulent vivre alors qu'ils sont morts, qui veulent avoir droit à tous les biens, alors qu'ils n'en ont plus besoin, et qui veulent disposer après leur mort de choses dont ils n'avaient droit de disposer que selon leurs besoins pendant leur vie.

Et si vous me dites qu'ils avaient droit d'en disposer, car cela était une partie du produit de leur travail qu'ils avaient économisée, je vous répondrai que s'ils n'ont pas consommé tout le produit de leur travail, c'est qu'ils ont pu s'en dispenser; s'ils n'en avaient pas besoin, ils n'y avaient pas droit, et par conséquent ne pouvaient en disposer en votre faveur, et vous céder des droits qu'ils n'avaient pas.

Le droit cesse où s'arrête le besoin.

De même, si vous me dites que telle chose est à vous parce que vous l'avez achetée, je répondrai que ceux qui vous l'ont vendue n'avaient pas droit de vous la vendre. Ils avaient le droit d'en jouir suivant leurs besoins, comme nous avons le droit d'en jouir selon les nôtres. Ils avaient droit d'aliéner leur part de jouissance et de vie, mais non d'aliéner la nôtre : ils pouvaient renoncer au bonheur pour eux, mais pas pour nous, et nous n'avons pas à respecter des transactions qui se sont passées en dehors de nous et contre notre droit.

La nature nous dit : Prends, et non pas achète. Dans tout achat, il y a un dupeur et un dupé — l'un qui tire profit de la transaction, tandis que l'autre est lésé. Mais si chacun prend ce dont il a besoin,

personne n'est lésé, attendu que chacun ayant ainsi
ce dont il a besoin, il a aussi tout ce à quoi il a
droit.

La transaction commerciale est certainement une
des principales causes de corruption pour l'humanité.

Il n'est pas inutile de remarquer à ce sujet que tout
ce qui, dans le fonctionnement social actuel, est contraire aux règles de la philosophie naturelle est, en
même temps, une source de maux et de crimes, et
que si tous les individus avaient à leur disposition
l'universalité des biens, s'ils étaient assurés d'avoir,
demain et après, ce qu'il leur faut pour vivre et être
heureux, ainsi qu'ils y ont droit, les neuf dixièmes
des crimes seraient supprimés, car ils ont pour mo-
bile ce que vous appelez vol.

Il faut bien nous pénétrer de cette vérité, que du
moment qu'un homme vend quelque chose, c'est
qu'il n'en a pas besoin; que dès lors il n'a pas
droit d'en disposer et d'empêcher ceux qui en ont
besoin de s'en emparer, attendu que par le fait
même qu'ils en ont besoin, ils y ont droit !

De même que le vol, la prostitution disparaîtrait
par l'application de nos théories philosophiques.
Pourquoi une femme se prostituerait-elle, alors
qu'elle aurait à sa disposition tout ce qui peut assu-
rer son existence et son bonheur? Et comment un
homme pourrait-il l'acheter puisqu'il ne pourrait
lui donner que ce qu'elle aurait droit d'avoir? Et
ainsi de tous les crimes, de tous les vices, qui dis-
paraîtraient parce qu'auraient disparu leurs causes.

L'être humain n'est sain et complet que par le
libre exercice de sa pleine volonté.

D'où viennent le mensonge, la duplicité, la ruse, sinon de la contrainte imposée aux uns par les autres? Ce sont les armes des faibles, et les faibles n'y ont recours que parce que les forts les y contraignent.

Le mensonge n'est pas le vice du menteur, mais bien de celui qui le contraint à mentir. Enlevez la contrainte, la coercition, le châtiment, et nous verrons si le menteur ne dit pas la vérité.

Que les uns cessent de contester à d'autres le droit à la vie, au bonheur, et la prostitution, l'assassinat disparaîtront, car les hommes naissent tous également libres et bons (1). Ce sont les lois sociales qui les font mauvais et injustes, esclaves ou maîtres, spoliés ou spoliateurs, bourreaux ou victimes. Chaque homme est un être autonome, indépendant; c'est pourquoi l'indépendance de chacun doit être respectée. Toute atteinte à notre liberté naturelle, toute contrainte imposée est un crime qui appelle la révolte.

Je sais bien que mon raisonnement ne ressemble en rien à l'économie politique enseignée par M. Leroy-Beaulieu, ni à la morale de Malthus, ni au socialisme chrétien de Léon XIII qui prêche le renoncement aux richesses au milieu de monceaux d'or, et l'humilité en se proclamant le premier de tous. Je sais bien que la philosophie naturelle choque de front toutes les idées reçues, soit religieuses, soit morales, soit politiques. Mais son triomphe est as-

----

(1) Peut-être serait-il plus juste de dire que l'homme ne naît ni bon ni mauvais, et ne devient que ce que le font le milieu et les circonstances. — Note de l'éditeur.

suré, car elle est supérieure à toute théorie philoso-
phique, à toute autre conception morale, *parce
qu'elle ne revendique aucun droit pour les uns qu'elle
ne revendique également pour les autres, et qu'étant
absolue égalité, elle porte en elle-même l'absolue justice.* Elle ne se plie pas aux circonstances de temps
et de milieu — et ne proclame pas alternativement
bon ou mauvais le même acte.

Elle n'a rien de commun avec cette morale à
double face qui a cours parmi les hommes de ce
temps et qui fait qu'une chose est bonne ou mau-
vaise suivant les latitudes et les longitudes.

Elle ne proclame pas, par exemple, que le fait de
s'emparer d'une chose et de ne laisser à la place que
le cadavre du précédent possesseur est tantôt affreux,
tantôt sublime. Affreux si l'affaire se passe aux environs de Paris, sublime si elle a lieu aux environs
de Hué ou de Berlin. Et comme elle n'admet ni punition ni récompense, elle ne réclame pas, dans le
premier cas, la guillotine pour les uns, l'apothéose
pour les autres. Elle substitue à toutes les innom-
brables et changeantes règles morales inventées par
les uns pour asservir les autres, et prouvant par
leur nombre et leur mobilité même leur fragilité,
la justice naturelle, immuable règle du bien et du
mal, qui n'est l'œuvre de personne, mais résulte de
l'organisme intime de chacun. Le bien, c'est ce qui
nous est bon, ce qui nous procure des sensations
de plaisir, et comme ce sont les sensations qui déterminent la volonté, le bien, c'est ce que nous voulons, le mal, ce qui nous est mauvais, ce qui nous
procure des sensations de douleur, c'est ce que
nous ne voulons pas. « *Fais ce que veux* », telle est

l'unique loi que notre justice reconnaisse, car elle proclame la liberté de chacun dans l'égalité de tous.

Ceux qui pensent que personne ne voudrait travailler, si on n'y était contraint, oublient que l'immobilité c'est la mort — que nous avons des forces à dépenser pour les renouveler sans cesse et que la santé et le bonheur ne se conservent qu'au prix de l'activité — que personne ne voulant être malheureux et malade, tous devront occuper tous leurs organes pour jouir de toutes leurs facultés, car une faculté dont on ne fait pas usage n'existe pas et c'est une part de bonheur de moins dans la vie de l'individu.

Demain comme aujourd'hui, comme hier, les hommes voudront être heureux, toujours ils dépenseront leur activité, toujours ils travailleront, mais le travail de tous étant productif de richesse sociale, le bonheur de tous et de chacun en sera augmenté, et chacun pourra jouir ainsi du luxe auquel il a droit, car le superflu n'existe pas, et tout ce qui peut exister est nécessaire.

L'homme n'est pas seulement un ventre, il est aussi un cerveau : il a besoin de livres, de tableaux, de statues, de musique, de poésie, comme il a besoin de pain, d'air et de soleil; mais, de même que dans sa consommation il ne doit être limité que par ses facultés de consommation, dans sa production il ne doit être limité que par sa faculté de production et, consommant selon ses besoins, il ne doit produire que selon ses forces. Or, qui pourrait mieux que lui connaître ses besoins? Qui pourrait mieux que lui connaître ses forces? Personne; par conséquent, l'homme ne doit produire et consommer que selon sa volonté.

L'humanité a toujours eu la conscience latente qu'elle ne serait heureuse et que toutes les belles qualités de la nature humaine ne pourraient s'épanouir que dans le communisme.

Aussi l'âge d'or des anciens était-il fondé sur la propriété commune, et jamais il ne vint à la pensée des natures d'élite qui, parmi eux, poétisaient le passé, que le bonheur des hommes fût compatible avec la propriété individuelle. Ils savaient par intuition, ou par expérience, que tous les maux et tous les vices de l'humanité découlent de l'antagonisme des intérêts, créé par l'appropriation individuelle, non limitée aux besoins, et jamais ils ne rêvèrent une société sans guerres, sans meurtres, sans prostitution, sans crimes et sans vices, qui ne fût également sans propriétaires.

C'est parce que nous ne voulons plus ni guerres, ni meurtres, ni prostitution, ni vices, ni crimes que nous luttons pour la liberté et la dignité humaines. Malgré tous les bâillons, la parole de la vérité retentira sur la terre, et les hommes tressailleront à ses accents; ils se lèveront au cri de liberté pour être les artisans de leur bonheur. Aussi sommes-nous forts de notre faiblesse même, car, quoi qu'il puisse advenir de nous, nous vaincrons !

Notre asservissement enseigne aux hommes qu'ils ont droit à la révolte, notre emprisonnement, qu'ils ont droit à la liberté, et, par notre mort, ils apprennent qu'ils ont droit à la vie.

Quand tout à l'heure nous retournerons en prison, et que vous retournerez dans vos familles, les esprits superficiels penseront que nous sommes les vaincus, — erreur! — nous sommes les hommes de l'avenir et vous êtes les hommes du passé.

Nous sommes demain et vous êtes hier. Et il n'est en la puissance de personne d'empêcher que la minute qui s'écoule ne nous rapproche de demain et ne nous éloigne d'hier. — Hier a toujours voulu barrer la route à demain, et toujours il a été vaincu dans sa victoire même, car le temps qu'il a passé à vaincre l'a rapproché de sa défaite.

C'est lui qui a fait boire la ciguë à Socrate, qui a fait abjurer Galilée dans la torture, qui a brûlé Jean Huss, Etienne Dolet, Guillaume de Prague, Giordano Bruno, qui a guillotiné Hébert, Babeuf, qui a emprisonné Blanqui, qui a fusillé Flourens et Ferré. Comment s'appelaient les juges de Socrate et ceux de Galilée, ceux de Jean Huss, ceux de Guillaume de Prague, ceux de Giordano Bruno, ceux d'Etienne Dolet, ceux d'Hébert, ceux de Babeuf, ceux de Blanqui, de Flourens, de Ferré? Personne ne le sait: ils sont le passé, ils étaient déjà morts alors qu'ils vivaient. Ils n'ont pas même eu la gloire d'Erostrate, tandis que Socrate est éternel, que Galilée est encore debout, que Jean Huss existe, que Guillaume de Prague, Giordano Bruno, Etienne Dolet, Hébert, Babeuf, Blanqui, Flourens, Ferré vivent.

Aussi serons-nous heureux dans notre malheur, triomphants dans notre misère, vainqueurs dans notre défaite. Nous serons heureux quoi qu'il nous arrive, car nous sommes certains qu'au souffle de l'idée rénovatrice d'autres êtres arriveront à la vérité, d'autres hommes reprendront notre tâche in-

terrompue et la mèneront à bien; enfin, qu'un jour
viendra où l'astre qui dore les moissons luira sur
l'humanité sans armées, sans canons, sans frontiè-
res, sans barrières, sans prisons, sans magistrature,
sans police, sans lois et sans dieux, libre enfin in-
tellectuellement et physiquement, et que les hommes,
réconciliés avec la nature et avec eux-mêmes, pourront, dans l'universelle harmonie, étancher leur soif
de justice.

Qu'importe que l'aurore de ce grand jour soit
empourprée des lueurs de l'incendie, qu'importe
qu'au matin de ce jour la rosée soit sanglante!

La tempête aussi est utile pour purifier l'atmos-
phère. Le soleil est plus brillant après l'orage.

Et il luira, il rayonnera, le beau soleil de la liberté, et l'humanité sera heureuse.

Alors, chacun abritant son bonheur derrière le
bonheur de tous, personne ne fera plus le mal, car
personne n'aura intérêt à faire le mal.

L'homme libre dans l'humanité affranchie pourra
marcher sans entraves de conquête en conquête, au
profit de tous, vers l'infini sans borne de l'intellectua-
lité.

L'énigme moderne : Liberté, Égalité, Fraternité,
posée par le Sphinx de la Révolution, étant résolue,
— ce sera l'Anarchie.

PARIS. — IMPRIMERIE CH. BLOT, 7, RUE BLEUE.

www.ingramcontent.com/pod-product-compliance
Lightning Source LLC
Chambersburg PA
CBHW061649050726
47598CB00004B/1520